The Youth Wing
from A to Z

The Israel Museum, Jerusalem
The Ruth Youth Wing
Chief curator: David Ibgui

The Youth Wing from A to Z*

Curator-in-charge: Nurit Shilo-Cohen
Text and design: Michal Bonano

English translation: Malka Jagendorf
Photographs:
© The Israel Museum, Jerusalem, by:
Oded Antman, Avshalom Avital,
Lena Charash-Zehavi, Amit Gal,
David Harris, Michal Kerer, Tzur Kotzer,
Peter Lanyi, Ofrit Rosenberg-Ben-Menahem,
Nurit Shilo-Cohen, Nahum Slapak,
Liora Vogelman
© The photographers:
Adi Cohen, Yigal Gawze, Amiram Harlap,
Alex Levac

Printed by Art Plus Ltd., Jerusalem

Catalogue no. 532
ISBN 978 965 278 348 6

This publication was made possible by an anonymous donor.

*This book is arranged according to the Hebrew alphabet and reads from right to left.

Foreword

The largest museum in the country, and one of the most comprehensive encyclopedic museums in the world, the Israel Museum is an interdisciplinary institution whose collections reflect the material cultures of many of the peoples of the world and range from prehistoric and biblical times in the land of Israel to the cutting edge of international contemporary art. The Museum comprises four wings – in Archaeology, Fine Art, Judaica and Jewish Ethnography, and Education. This publication introduces you to our wing for education, our Ruth Youth Wing, through images illustrating the exhibitions, programs, and educational experiments of this dynamic enterprise over the years.

The Youth Wing was part of the Museum from its very beginning. Ever aware of the importance of education and the promise of the next generations, Founder Teddy Kollek saw education as an integral element in his vision for the Museum, and today, after more than forty years, the Youth Wing continues to serve worldwide as a unique example of dynamic museum education. Its innovative programs combine theory with practice, and observation with creation. They provide tools for visitors of all ages to enhance their experiences in the Museum's galleries and to enable them better to understand the artifacts and works of art that make up the Museum's many and varied collections. It is often at the Youth Wing that our youngest visitors encounter art and archaeology for the first time, and it is often these children who then bring their parents back to the Israel Museum again and again. This synergy brings as many as 250,000 people, young visitors and their families, to Youth Wing exhibitions, activities, and events annually.

For the realization of so ambitious a dream, we are indebted to Museum friends from within Israel and around the world. Many of them have shared first-hand in the exhilaration of this enterprise, helping to make Youth Wing a reality and enabling its programs and facilities to continue to grow. This small publication is intended to convey some of the dynamism of the Youth Wing and the very special Museum experience it offers, and we hope you will enjoy it!

James S. Snyder
Anne and Jerome Fisher Director

About the book

This book is a "taster's menu" that introduces the reader to the character and spirit of the Ruth Youth Wing in the Israel Museum by means of a variety of little stories, photographs, colors, and people.

The reader will find here ideas and thoughts, vision and content, exploration and experiments as well as information about exhibitions and activities in the Youth Wing over the years. Past and present are here, as are adults and children, the love of art, and lots about the Museum itself.

You may leaf through the book in a minute or take your time over a child's amusing drawing. You can read every word or just look at the pictures. Open it anywhere and go on from there. If the booklet has worked up your appetite, you are invited to pack up the entire family and bring them along to enjoy the Youth Wing in person and taste it for yourselves.

Nurit Shilo-Cohen
Senior Curator-at-Large for Museum Education

Photographs

Love: Robert Indiana, *Ahava* (Love), 1977, Gift of Beverly and Dr. Raymond Sackler, New York, to American Friends of the Israel Museum | Art: Pop Art galleries | Man with a pipe: Chana Orloff, *Pipe Smoker* (*A.D. Weidhoff*), 1924, Gift of Y. Federman, Haifa | Food: Ido Bruno, *Need*, 2003, in the exhibition "Food in Art: A Matter of Taste," 2003 | Collection: From the collection of the Ruth Youth Wing and the collection of Liora Vogelman | Illustration: Anthony Browne dedicating his book *Gorilla* to the Youth Wing library in 2005 | Bar/ Bat Mitzvah: Tefillin (phylacteries), Qumran, 1st century CE | Dolls: From the collection of the Ruth Youth Wing | Roof: Bezalel buildings with founder Boris Schatz and Arnold Lechowsky, 1909 | Self-portrait: Youth Wing student work | Group portrait: Jacob Gerrsitsz Cuyp and Albert Cuyp, *Portrait of a Family in a Landscape*, 1641, Gift of Mr. and Mrs. Joseph R. Nash, Paris | Guided tours: Masterpieces Gallery | Van Gogh: Vincent van Gogh, *Harvest in Provence*, 1888, Gift of Yad Hanadiv, Jerusalem, from the collection of Miriam Alexandrine de Rothschild, daughter of the late Baron Edmond de Rothschild | Jacques Lipchitz: The sculptor visited the Youth Wing in 1971 | Interactive yard: Market (Shuk), in the exhibition "Food in Art: A Matter of Taste," 2003 | Special education: A work by a special-education student in the Youth

Wing | Telephones: Works by Youth Wing students | Zion Square: Yael Robin, *Zion Square*, 2005-6 | Looking: The Impressionist and Post-Impressionist galleries | Touching: Garry Hill, *HanD HearD*, 1995-96 in the "Hands" exhibition, 2001 | Family: Youth Wing student work | Why knot?: Auguste Rodin, *Naked Balzac with Folded Arms*, 1892-93, Gift of Billy Rose, New York | Wood: Youth Wing student work | Scraps: From the collection of the Ruth Youth Wing Plasticene: Youth Wing student work | Photography: Works by Youth Wing high-school students | Colors: Michal Shamir: *Candy Cluster*, 2003 (detail), from the exhibition "Food in Art: A Matter of Taste," 2003 | Toys: Bina Gewirtz, illustration for the book *Lily the Shepherdess*, 1956 | Mural: Ethiopian children newly arrived in Israel in "Operation Solomon," painting a mural at the entrance to the Youth Wing, 1991 | Concentration: in the Impressionist and Post-Impressionist galleries | Friday in the Museum: in the Israeli art galleries | Black & white: works by Youth Wing students created during the Gulf War of 1991 | Shhhh!: in the Old Masters Galleries | Temporary exhibitions: in the Impressionist and Post-Impressionist galleries

הנוער | פלסטלינה: עבודה של תלמיד בחוגי אגף הנוער | צילום: עבודות של תלמיד בתכנית "טריפתיכון" (תיכון במוזיאון) | צבעים: מיכל שמיר, אשכול, 2003 (פרט), בתערוכה "שאלה של טעם: אוכל באמנות" (2003) | צעצועים: בינה גבירץ, איור לספר "לילי הרועה", 1956 | ציור קיר: בכניסה לאגף הנוער, עם ילדים אתיופים שעלו ארצה במבצע שלמה, 1991 | ריכוז: באולמות האמנות האימפרסיוניסטית והפוסט-אימפרסיוניסטית | שישי במוזיאון: באולם לאמנות ישראלית | שחור-לבן: עבודות תלמידים בחוגי אגף הנוער בזמן מלחמת המפרץ, 1991 | שקט: באולם לאמנות מודרנית | תערוכות מתחלפות: באולמות האמנות האימפרסיוניסטית והפוסט-אימפרסיוניסטית

התמונות

אהבה: רוברט אינדיאנה, אהבה, 1977, מתנת בברלי וד"ר ריימונד סאקלר, ניו־יורק, לאגודת ידידי מוזיאון ישראל בארה"ב | אמנות: אולם אמנות הפופ | איש עם מקטרת: חנה אורלוף, מעשן המקטרת (א"ד וידהופף), 1924, מתנת י' פדרמן, חיפה | אוכל: עידו ברונו, צורך, 2003, בתערוכה "שאלה של טעם: אוכל באמנות" (2003) | אוסף: מאוסף אגף הנוער ומאוסף ליאורה פוגלמן | איור: אנתוני בראון מקדיש לספריית אגף הנוער את ספרו "גורילה", 2005 | בר/בת־מצווה: תפילין של ראש מקומראן, המאה ה־1 לספירה | בובות: מאוסף אגף הנוער | גג: בנייני בצלאל עם בוריס שץ וארנולד לחובסקי, 1909 | דיוקן עצמי: עבודה של תלמידה בחוגי אגף הנוער | דיוקן קבוצתי: יקוב חריטז קויפ ואלברט קויפ, דיוקן משפחה בנוף, 1641, מתנת יוסף ר' נאש ורעייתו, פריז | הדרכות: באולם ליצירות־מופת | ון גוך: וינסנט ון גוך, קציר בפרובנס, 1888, מתנת יד הנדיב, ירושלים, מאוסף מרים אלכסנדרון דה־רוטשילד, בת אדמונד דה־רוטשילד | ז'ק ליפשיץ: האמן מבקר באגף הנוער ב־1971 | חצר פעילה: חצר השוק, בתערוכה "שאלה של טעם: אוכל באמנות" (2003) | חינוך מיוחד: עבודה של תלמיד בחוגי אגף הנוער | טלפונים: עבודה של תלמיד בחוגי אגף הנוער | כיכר ציון: יעל רובין, כיכר ציון, 2005-2006 | להתבונן: באולמות האמנות האימפרסיוניסטית והפוסט־אימפרסיוניסטית | לגעת: גרי היל, יד נשמעת, 1995-1996, בתערוכה "ידיים" (2001) | משפחה: עבודה של תלמיד בחוגי אגף הנוער | מה זה קשור?: אוגוסט רודן, בלזאק ערום עם זרועות שלובות, 1892-1893, מתנת בילי רוז, ניו־יורק | עץ: עבודה של תלמיד בחוגי אגף הנוער | פרסים: מאוסף אגף

תוֹדָה

לכל הצוות העושה במלאכה.

Thanks

to the staff that makes it all happen.

תַּעֲרוּכוֹת מִתְחַלְּפוֹת

בלילה, כשהמוזיאון ריק ממבקרים, הציורים נוחרים, הפסלים מנמנמים בעמידה, והתערוכות המתחלפות מתחלפות ביניהן בלי שאף אחד ישים לב.

Temporary exhibitions

At night, after the Museum closes and the footsteps of the last visitor have stopped echoing in the silent halls, some of the statues nod sleepily while others roam through the exhibition galleries, temporarily changing their places, without anybody taking notice.

Youth Wing exhibitions

The Earth – Raw Material for the Artist (1966), Ancient Egypt (1967), Make Your Own Puppet Theater (1968), Illustrated Children's Books (1969), Exploring the Past (1970), The Golden Age of Athens (1971), Sculpture Games (1972), Let's Make a Film (1973), Land of Dolls (1973), Our Pupils at Work (1974), The Wonderful World of Paper (1975), Mesopotamia (1976), Children of the World Paint Jerusalem (1977), Self-portraits (1978), Those Were the Days (1978), Childhood Works of Israeli Artists (1978), Egyptian Children Paint Peace (1979), Color (1980), Mexico – Folk Art (1980), Ruth Zarfati – Illustrations and Sculptures (1981), Let's Embroider (1981), Illusion and Reality (1981), Touching (1982), How to Look at a Picture (1983), Tom Seidmann Freud – Illustrations (1983), Scraps (1984), Plasticene (1984), Looking at Paintings (1984), Jerusalem Rebuilt (1985), Big & Small (1985), Gems from the Children's Library (1986), Place-scape (1986), Wondrous India (1987), From 2D to 3D – Dudu Gerstein (1987), Comics (1988), The Joys of Toys (1989), From Wild to Mild (1990), Masks (1990), Nahum Gutman – Illustrations of Eretz Israel (1991), When Grandma and Grandpa were Children (1992), Landscape (1993), Heroes – Past and Present (1994), Mirror (1995), Children Around the World Paint Jerusalem 3000 (1996), Box (1997), Earth (1998), It's About Time (2001), Hands (2002), Food in Art: A Matter of Taste (2003), Sports in Art (2004), Beauty and the Book (2005), Tracing Shadows (2006), Water in Art and Life (2007) . . .

תַּעֲרוּכוֹת אֲגַף הַנֹּעַר

האדמה – חומר גלם ביד היוצר (1966), מצרים העתיקה (1967), עשה לך תאטרון בובות (1968), ספרי ילדים מצוירים (1969), כיצד לומדים את העבר (1970), אתונה בגדולתה (1971), משחקי פיסול (1972), עשה לך סרט מצויר (1973), ארץ הבובות (1973), תלמידנו יוצרים (1974), העולם הנפלא של הנייר (1975), מסופוטמיה (1976), ילדי העולם מציירים את ירושלים (1977), הדיוקן העצמי (1978), היו זמנים (1978), ציורי הילדות של אמנים ישראלים (1978), ילדי מצרים מציירים את השלום (1979), צבע (1980), מקסיקו – אמנות עממית (1980), רות צרפתי – איורים ופסלים (1981), הבה נרקום (1981), אשליה ומציאות (1981), מישוש (1982), כיצד מתבוננים בתמונה (1983), תום זיידמן פרויד – איורים (1983), פרסים (1984), פלסטלינה (1984), ירושלים הבנויה (1985), גדול-קטן (1985), פנינים בספריית ילדים (1986), נוף מקום (1986), הודו המופלאה (1987), מדו לתלת־ממד – דודו גרשטיין (1987), קומיקס (1988), שעשועים בצעצועים (1989), מחיות הבר לחיות הבית (1990), מסכות (1990), האיור הארצישראלי – נחום גוטמן (1991), כשסבא וסבתא היו ילדים (1992), נוף (1993), גיבורים (1994), מראה (1995), ילדי העולם מציירים את ירושלים בת 3000 (1996), קופסה (1997), אדמה (1998), זה הזמן (2001), ידיים (2002), שאלה של טעם: אוכל באמנות (2003), ספורט (2004), יופי של ספר (2005), צללים וצלליות (2006), מים רבים (2007) . . .

תֵּל אַרְכֵאוֹלוֹגִי

בחצר אגף הנוער נבנה דגם של תל ארכאולוגי בן עשרת
אלפים שנה, שמשחזר וחושף תקופות חשובות בהיסטוריה
של ארץ ישראל. דרך התנסות חווייתית, המבקרים לומדים
על עבודת הארכאולוג ועל אופן הטיפול בממצאים
היסטוריים.

Archaeological tell

In the Youth Wing yard stands a model of a
10,000-year-old archaeological tell. It features a
reconstruction of major periods in the history of
the Holy Land. Through hands-on activities, the
children learn about the excavation and care of
archaeological finds.

Theater   תֵּאַטְרוֹן

שֶׁקֶט

ויש הרגע הזה, באולם הגדול של המוזיאון, כשכל הילדים כבר לא ממש מסודרים בזוגות ולא ממש מקשיבים למדריכה, כשכל הילדים הקופצניים האלה, נעצרים לפתע, מצטופפים סביב תמונה אחת, משתתקים ומקשיבים לעיניים.

Shhhh!

Sometimes there is this magical moment in the museum gallery when the children are no longer lined up in pairs and don't really hear the guide's voice. They simply stop, gaze at one painting, and quietly just listen with their eyes.

שֶׁלֶג

Snow

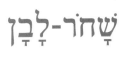

שָׁחוֹר-לָבָן

Black & white

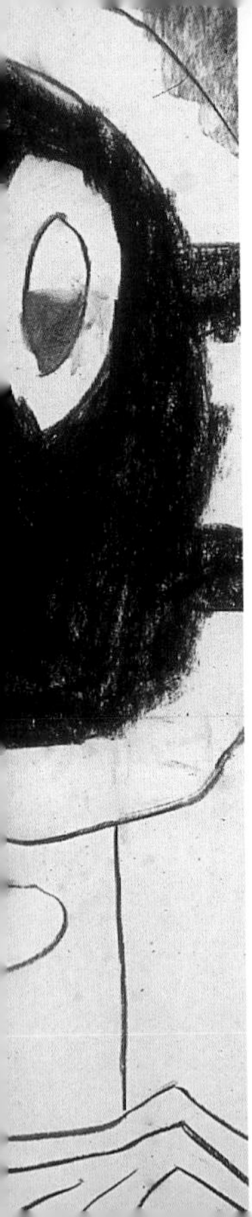

שִׁשִּׁי בַּמּוּזֵיאוֹן

בכל יום שישי בבוקר, מוזמנים
שוחרי תרבות ותאבי דעת לדבר על
אמנות, לגעת בארכאולוגיה, לשלוח
יד בצילום, להתנסות בפיסול או סתם
להפליג לתרבויות רחוקות.

Friday in the Museum

Every Friday morning, art
lovers are early to rise (and
eager to be wise!) as they gather
at the Museum to talk about
art and archaeology, to create
photographs, to try their hand
at sculpture, or simply cruise to
faraway cultures.

פריגת

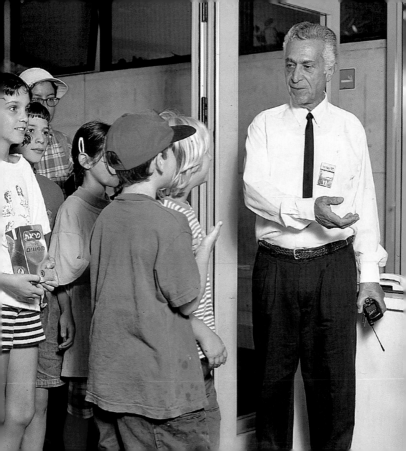

שׁוֹמֵר

שבתאי השומר היה החיוך הראשון
שפגשנו בכניסה לאגף הנוער. לבבי,
נמרץ, נכון לענות על כל שאלה ובקשה,
שבתאי היה שם כשהיינו בני 6 וגם
כשהיינו בני 30, עד שיצא לגמלאות.

Guard

Shabtai the guard was always
the first to greet you when
you entered the Youth Wing,
always with a friendly smile,
and ready to help you find what
you're looking for and answer
any question. Shabtai was there
when we were six years old,
and still there when we were 30,
until he retired.

רִכּוּז

לשבת בישיבה מזרחית עם דיקט על הברכיים ונייר לבן גדול
ולנסות להעתיק בגיר פחם ציור נוף או צדודית של בחור עם
שפם וצווארון מפואר. להתבונן ממש מקרוב בפרטים, לעקוב
אחרי האור שנופל על הלחי, למרוח עם האצבע, להדגיש את
השפה התחתונה, ואז - למחוק את האוזן ולהתחיל מהתחלה.

Concentration

Sit cross-legged on the floor, balancing a drawing
board with a big sheet of white paper tacked on
to it, as you concentrate on copying in charcoal
a landscape or a profile of a young man with a
moustache and fancy collar. Study the details up
close, following the light that falls on his cheek.
Smear the charcoal gently with your fingers.
Emphasize the bottom lip, and then – erase the ear
and start over again!

Drawing

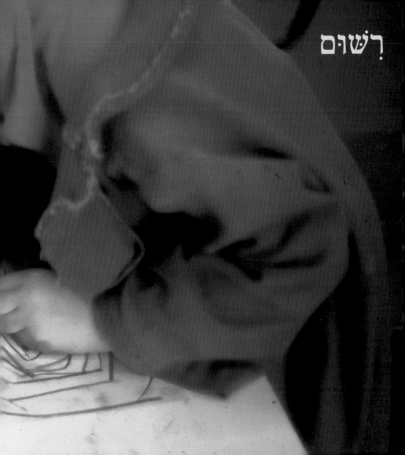

רְשׁוּם

רוֹי לִיכְטֶנְשְׁטַיין

Roy Lichtenstein

POW

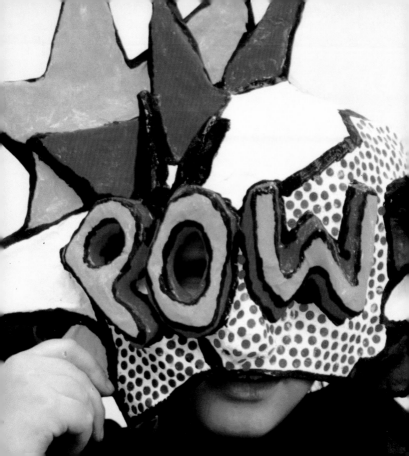

Outdoors

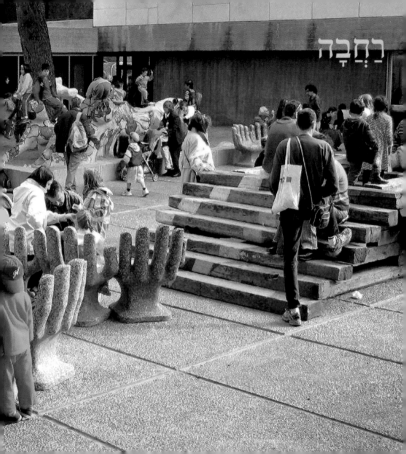

רַחֲבָה

רוֹדְמַן

מוריס רודמן, האבא של רות ושל אגף
הנוער, בעל נפש של ילד סקרן ונלהב,
סייע למוזיאון לבנות את האגף לזכרה
של רות ביחד עם רעייתו גרטרוד ותמך
בו שנים רבות, עד פטירתו ב-1998.

Rodman

Morris Rodman, father of Ruth
and of the Youth Wing, was as
curious and enthusiastic as the
children he loved so dearly. He
and his wife Gertrude made it
possible for the Museum to build
its Ruth Youth Wing. Morris
Rodman supported the Youth
Wing until his death in 1998.

רות

אגף הנוער נקרא על שמה של רות
רודמן-פרימן, שאהבה ילדים ודאגה
לחינוכם. רות נפטרה בגיל 35 והותירה
אחריה שלושה בנים קטנים. הבניין
החדש של אגף הנוער הוקם לזכרה על
ידי הוריה.

Ruth

The Ruth Youth Wing is named
after Ruth Rodman Frieman,
who loved children and cared for
their education. Ruth died when
she was only 35, the mother of
three small sons. Her parents
built the Ruth Youth Wing as an
eternal tribute to her memory.

ך

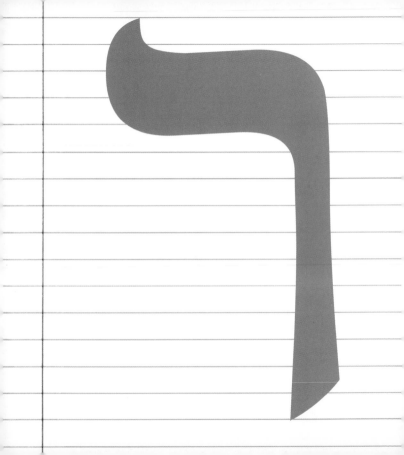

קַיְטָנַת קַיִץ

לחמנייה ושוקו, כובע גדול וחולצה
שמותר ללכלך. כל יום מציירים, כל
היום מציירים, איזה כיף שהחופש
הגדול עוד כל־כך גדול !

Summer day camp

A roll, a chocolate drink, a sunhat and an old T shirt and painting all day long make the summer vacation days fly by!

קיץ באגף הנוער
מוזיאון ישראל, ירושלים

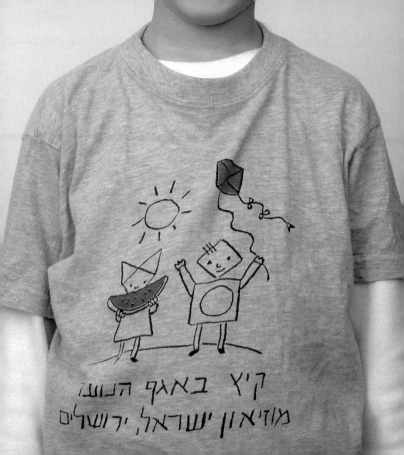

זוכי פרס מוזיאון ישראל לאיור ספר ילדים
על שם בן-יצחק בשנים 2004–1978
Who's Afraid of
Contemporary
Art?
Stork, Stork, How is Our
Works by Newly Arrived Ethiopian Immig
תגלית וקסם במוזיאון
מוזיאון ישראל
המדריך למשפחה
الوان
כיצד מתבוננים ב

קָטָלוֹגִים

Publications

ק

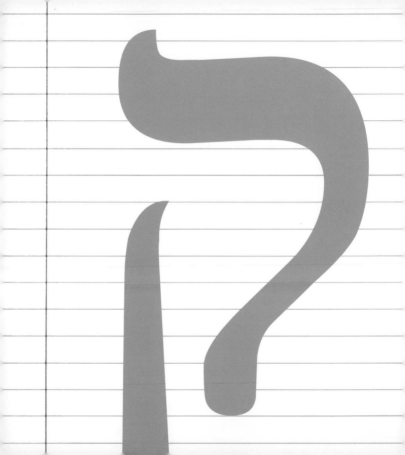

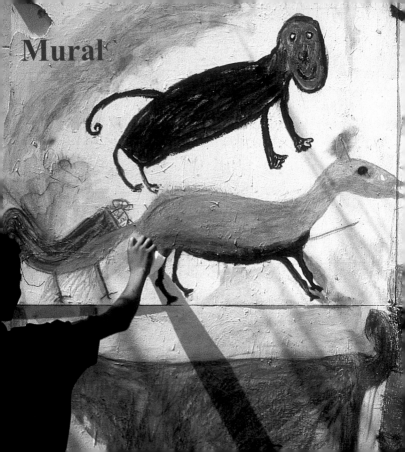

Mural

צִיּוּר קִיר

Toys   צַעֲצוּעִים

Colors

צְבָעִים

צִלּוּם

Photography

Purim

פּוּרִים

Plasticene   פְּלַסְטֶלִינָה

ספר המאוירים הגדול

זוכי פרס מוזיאון ישראל לאיור ספר ילדים
על שם בן-יצחק בשנים 1978–2004

פְּרַס מוּזֵיאוֹן יִשְׂרָאֵל לְאִיּוּר

אחת לשנתיים מוענק פרס מוזיאון ישראל לאיור ספר ילדים ע״ש בן יצחק למאייר ישראלי שיצירתו בולטת באיכותה ובייחודה. כמו־כן, מוענקים ציונים לשבח לחמישה מאיירים נוספים. הענקת הפרס מלווה בתערוכת איורים מקוריים של הזוכים בספריית אגף הנוער.

The Israel Museum Award for Illustration

Every two years the Museum awards the Israel Museum Ben Yitzhak Award for the Illustration of a Children's Book to an outstanding Israeli illustrator, and five Honorable Mentions to the runners-up. An exhibition in the Youth Wing library of the original illustrations of the laureates accompanies the award ceremony.

פִּסוּל

Sculpture

No. 1421

פְּרָסִים

ילדונים ומלאכים מצוירים עם לחיים
ורודות שמילאו את הילדות של פעם
במתיקות אינסופית. ילדים אהבו
לאסוף אותם, היום אוספים אותם
אספנים, באגף הנוער הקדישו להם
תערוכה.

Scraps

Angels and children with pink cheeks once filled childhood with endless sweetness. Children loved to collect "scraps," which are now collectors' items. The Youth Wing devoted a whole exhibition to them.

פִּיקַסוֹ

Picasso

פֵּילִי

מרכז אמנות לילדים ולבני נוער במזרח
ירושלים. המרכז הוקם לצד מוזיאון
רוקפלר ונפתח ב-1978. מתכונתו
דומה לאגף הנוער וכוללת: תערוכות,
סדנאות והדרכות.

Paley

The Paley Center in East
Jerusalem opened in 1978 as
an adjunct to the Rockefeller
Museum. Its programs follow
the Youth Wing format, with
exhibitions, workshops, and
guided tours.

حج مبرور
وذنبا مغفور

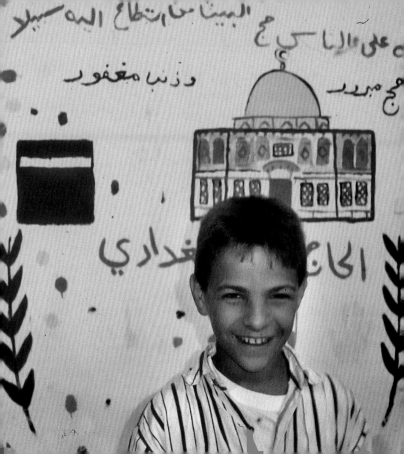

פָּתוּחַ

יום א׳ ב׳ ד׳ ה׳ 10:00-17:00
יום ג׳ 16:00-21:00
(באוגוסט 10:00-21:00)
יום ו׳ וערבי חג 10:00-14:00
שבת וחג 10:00-17:00

Open

Sunday, Monday, Wednesday,
Thursday: 10 AM - 5 PM
Tuesday: 4 PM - 9 PM, and
during August 10 AM - 9PM
Friday: 10 AM - 2 PM
Saturday and holidays:
10 AM - 5 PM

עֲרָבִי-עִבְרִי

חוגי אמנות משותפים לבני נוער
יהודים וערבים נערכים באגף הנוער
מאז ראשיתו. את המפגשים מנחים
ביחד מורים יהודים וערבים. הם
מעודדים פיתוח רב-שיח יצירתי, כי הם
מאמינים שבעשייה המשותפת טמון
הבסיס לדו-קיום ולשלום.

Arabic-Hebrew

Since its inception the Youth
Wing has held joint art classes
for Jewish and Arab children,
conducted by Jewish and Arab
teachers who encourage creative
dialogue in the hope that making
art together may contribute to
making peace together.

Facts and figures

One of the two entrances to the Israel Museum is in the Ruth Youth Wing. The Youth Wing began on the roof of the old Bezalel Museum in 1960, it opened in the Israel Museum in 1966, and in 1977 it moved to its present location. In 2000 the Wing underwent extensive renovation. Three chief curators have headed the Youth Wing: Ayala Gordon for 25 years (1960-90); Nurit Shilo-Cohen for 15 years (1990-2005); and David Ibgui for two years (since summer 2005). The Wing consists of two floors of exhibition galleries, a library, a recycling room, a multimedia room, three interactive yards, an entrance area, an archaeological tell, a teachers' training center, ten classrooms and studios, and an auditorium, spread over a space of 35,000 sq. ft. (10% of the Museum's space). Its staff of 80 includes curators, teachers, guides, educators, and artists (25% of the Museum's staff). With an annual budget of NIS 8,000,000 (10% of the Museum's budget), it welcomes over 250,000 visitors a year (more than 50% of all Museum's visitors). The Youth Wing has mounted over 100 exhibitions. Its library comprises 10,000 books. In 2004-5 31,792 students participated in guided tours for schoolchildren; 4,950 special-education children came for programs; 4,200 adults attended gallery talks; 718 adults attended Friday programs at the Museum (in eight meetings during the year); 927 children and adults joined in 85 classes (in 28 meetings during the year); 252 children attended day camp; some 180,000 visitors came to the "Beauty and the Book" exhibition; 54,403 took part in programs during the holidays and summer vacation; 2,070 children and parents attended story hours in the library; 1,872 children created in the Recycling Room; 1,890 took part in the programs of the Resnick Teachers' Training Center.

עֻבְדּוֹת וּמִסְפָּרִים

למוזיאון ישראל 2 כניסות, אחת מהן היא זו של אגף הנוער. הוא פעל משנת 1960 על גג בצלאל הישן ונפתח במוזיאון ישראל בשנת 1966. בשנת 1977 עבר למשכנו הנוכחי. בשנת 2000 שופץ שיפוץ מקיף ונוספו לו 2 מעליות. 3 אוצרים מילאו עד היום את תפקיד האוצר הראשי של אגף הנוער: אילה גורדון במשך 25 שנה (1966-1990), נורית שילה-כהן במשך 15 שנה (1990-2005), ודוד איבגי מזה שנתיים (החל בקיץ 2005). באגף - אולם תערוכות, ספרייה, חדר מיחזור, חדר מולטימדיה, 3 חצרות פעילות, רחבת כניסה, תל ארכאולוגי, מרכז השתלמויות, 10 כיתות ואודיטוריום אחד. שטח האגף הוא 3,500 מ״ר (10% משטח המוזיאון), עובדים בו 80 אנשי צוות: אוצרים, מורים, מדריכים, אנשי חינוך ואמנים (25% מעובדי המוזיאון). תקציבו השנתי כ־8,000,000 ש״ח (10% מתקציב המוזיאון), מבקרים בו כ־250,000 איש בשנה (יותר מ־50% מהמבקרים במוזיאון). מאז הקמתו נערכו באגף הנוער יותר מ־100 תערוכות. בספריית אגף הנוער אוסף של כ־10,000 ספרים. העיתון ״משקפיים״ יצא לאור במסגרת האגף במשך 15 שנה. בשנת תשס״ד (2004-2005) השתתפו 31,792 תלמידים בהדרכות לבתי־ספר, 4,950 תלמידים בהדרכות לחינוך המיוחד, 4,200 מבוגרים במפגשי שיח גלריה, 718 מבוגרים בתכנית שישי במוזיאון (ב־8 מפגשים שנתיים), 927 ילדים, נוער ומבוגרים ב־58 חוגים (ב־82 מפגשים שנתיים), 252 ילדים בקייטנות, כ־180,000 מבקרים צפו בתערוכה השנתית ״יופי של ספר״, 54,403 השתתפו בפעילויות לקהל הרחב בחגים ובחופשת הקיץ, 2,070 ילדים והוריהם האזינו לשעות הסיפור בספרייה, 1,872 ילדים יצרו בחדר המיחזור, 1,890 מורים השתתפו בתכניות של מרכז ההשתלמויות.

Wood   עֵץ

ע

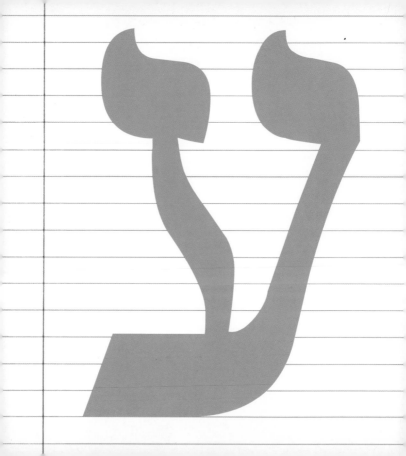

ספר לילדים
ש"י עגנון
ח. נ. ביאליק
על הארנבת
בינה גבירץ
ספרי מקרא לילדים
מנורת הפלאים

סְפָרִים שֶׁל פַּעַם

Once upon a time

סִפְרִיָּה

הספרייה של אגף הנוער היא בית לספרי ילדים מאוירים. הספרים שנבחרו בקפידה והגיעו מכל רחבי העולם, מסודרים במדפים לפי אלף-בית של מאיירים, ואפילו שנה שלמה לא תספיק כדי לדפדף ולקרוא בכולם. בספרייה אפשר לפגוש סופרים ומאיירים, ליצור בהשראת ספרים ולשמוע סיפורים לקטנים ולגדולים.

Library

The Youth Wing library is a treasure trove of selected illustrated children's books from around the world. Alphabetically arranged according to illustrators, the collection is so rich, it would take years to read. In the library authors and illustrators of children's books meet with children. parents, and grandparents, and storytellers spin their yarns for young listeners.

ס

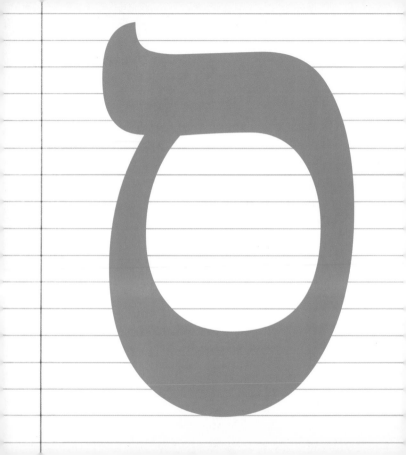

Paper

נְיָר

מַה זֶּה קָשׁוּר?

Why knot?

מִשְׁפָּחָה

באגף הנוער נערכות פעילויות לכל
המשפחה: סדנאות יצירה, פינות
הפעלה, מפגשים, מופעים ואירועים.
הפעילויות, שקשורות ברובן לנושא
התערוכה השנתית, מתקיימות לאורך
כל השנה, בחגים ובחופשת הקיץ.

Family

Many Youth Wing programs
are family oriented: creative
workshops, activity corners,
performances, and events. Most
of the activities are connected
to the annual exhibition, and are
conducted year round, including
holidays and summer vacations.

מָרָתוֹן לַיְלָה

רושמים, מציירים, מצלמים ומפסלים
במרתונים של יצירה לילית ברחבי
המוזיאון. לתלמידי תיכון ולמבוגרים.

All-night art marathon

High-schoolers and adults
paint, sculpt, and photograph
throughout the Museum,
throughout the night.

Mishkafayim

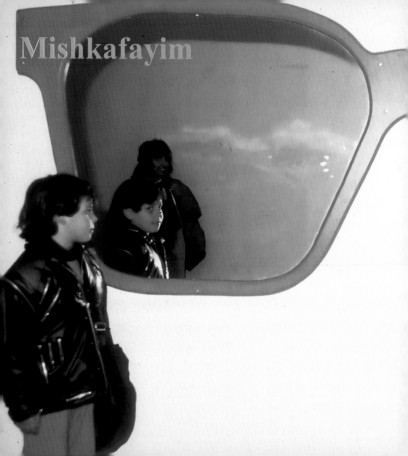

מִשְׁקָפַיִם

מִפְלָצוֹת

Monsters

מַסֵּכוֹת

Masks

Paintbrush　　　　　　　מִכְחוֹל

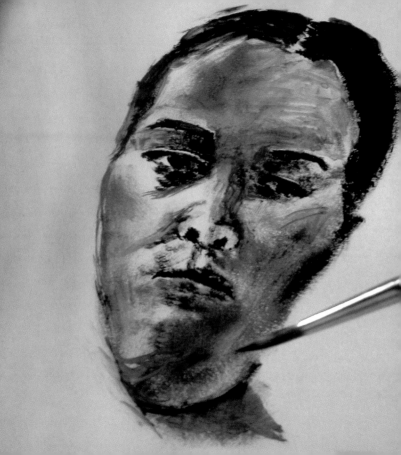

מְבֻגָּרִים

אגף הנוער - לא רק לילדים ונוער.
חוגים למבוגרים, הדרכות למבוגרים,
ימי שישי במוזיאון וכו'.

Adults

The Youth Wing is not just for
kids. Adults enjoy its art classes,
guided tours, Friday courses, and
more.

Mona Lisa

מוֹנָה לִיזָה

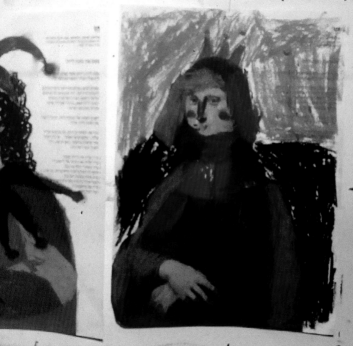

Scissors

מִסְפָּרִים

40
60
100 הנחה
לפוליש בדירת 3 חדרים
למביא קופון זה • תוקף עד ספטמבר 2005

Mission

- The Youth Wing of the Israel Museum sees its mission as creating a bridge between the Museum and its diverse visitors.

- The original artworks serve as the focal point for enjoyable experiences, combining observation with activity, that target different ages and involve the entire family.

- In order to make a difference, the Youth Wing takes upon itself to serve as a center for quality educational programming that is innovative, experimental, and unique, while keeping in mind the changing needs of our visitors and of society at large.

מַטָּרוֹת

- אגף הנוער שבמוזיאון ישראל רואה את תפקידו בגישור בין המוזיאון לבין מגוון קהליו.

- אגף הנוער רואה ביצירת האמנות המקורית מוקד לפעילות חווייתית ומהנה, שמשלבת התבוננות ועשייה, ומיועדת לכל הגילים תוך שימת דגש במשפחה כולה.

- אגף הנוער נוטל על עצמו לשמש מרכז לפיתוח תכניות חינוך איכותיות, חדשניות וייחודיות, מתוך מודעות לצרכים משתנים ובמטרה להשפיע.

BSTC

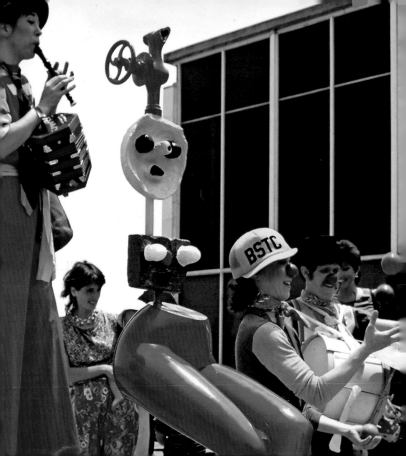

Miró   מִירוֹ

Museum

If you grew up in the Youth Wing, coming to the Museum is like visiting old friends. Say hello to the pipe smoker, salute Hadrian, greet the anthropoid sarcophagi with their solemn faces, smile at the African masks, have a quick tea party in the English Dining Room, see how the Dutch Family is doing, and hail Nimrod with a farewell handshake.

מוּזֵיאוֹן

למי שגדלו באגף הנוער, כל ביקור במוזיאון הוא כמו ביקור אצל ידידים ותיקים: מברכים את מעשן המקטרת, קופצים לומר שלום להדריאנוס, מנופפים בחביבות לאנתרופואידים, עושים פרצוף למסכות האפריקניות, מנשנשים משהו בחדר האוכל האנגלי, בודקים אם מישהו התבגר במשפחה ההולנדית, נפרדים מנמרוד בלחיצת יד.

מוּזִי וּמוּזָה

אני מרובע ואת משולשת, אני פרוע ולך יש סרט, אני מחייך כשאת מהורהרת, כשאני רציני את מתלוצצת. את שנינו יצר איתן קדמי מהצורות של סמל המוזיאון.

Musi & Musa

I'm a square, you're a triangle, my hair is windblown, yours is tied with a ribbon, I'm smiling and you're thinking, and when I'm serious you're full of jokes. Both of us were created by Eitan Kedmy from the shapes that make up the Museum logo.

מ

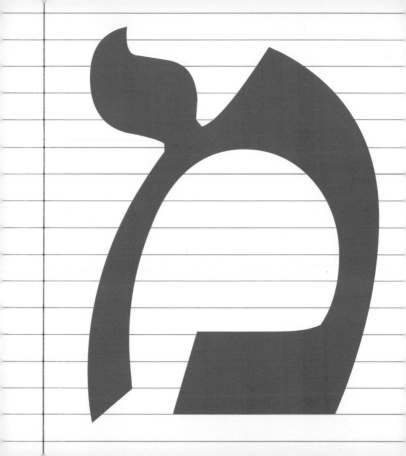

Why not?

לָמָּה כּוֹבַע?

Feeling　　　　　　　　　　　לְהַרְגִּישׁ

לָגַעַת

לגעת? לא לגעת! לא לגעת? כן לגעת!
בבקשה, ילד, אפשר לגעת!

Touching

Do/don't touch! Touch? Don't
touch? Yes, sometimes it says
Please do touch!

לְהִתְבּוֹנֵן

Looking

ל

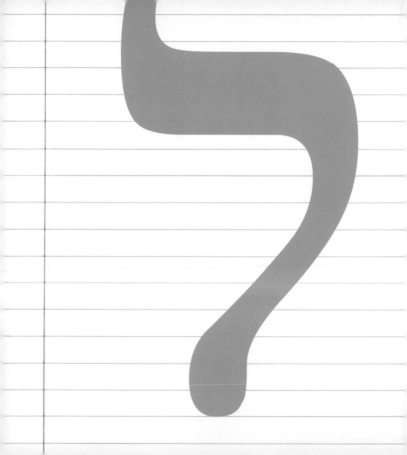

כִּכַּר צִיּוֹן

מדי יום חמישי, באמצע הלילה, כשירושלים הולכת לישון,
נפתח "החוג לציור" בכיכר ציון: ניידת של על"ם (עמותה
למען נוער במצבי סיכון ומצוקה) עוצרת בפינה, מורים
לאמנות מאגף הנוער פותחים שולחן - עפרונות, ניירות,
צבעים, מכחולים ושתייה. בני נוער שוויתרו מזמן על מיטה
חמה מתרגמים ייאוש לכתם, מחליפים צעקה בקו.

Zion Square

Every Thursday, in the middle of the night, when
Jerusalem goes to sleep, an "art class" opens in
Zion Square as a van from ELEM (Youth at Risk)
pulls up at the corner. Artists from the Youth Wing
set up a table with pencils, paper, paints, brushes,
and hot drinks. Young people for whom a warm bed
is a distant memory express their despair in line and
their anguish in color.

Blue

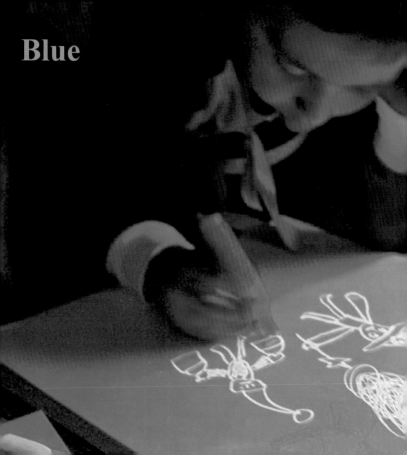

כָּחֹל

כ

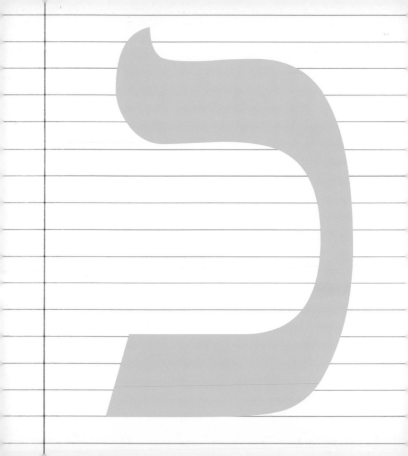

יוֹם הֻלֶּדֶת

אפשר לחגוג מסיבת יומולדת עם
חברים בתערוכה של אגף הנוער
ואפשר לערוך מסיבת פיג'מות ולישון
בשקי שינה בין יצירות מופת במוזיאון.

Happy Birthday

Children can celebrate birthdays
with their friends in the Youth
Wing exhibition, and even have
a sleepover pajama party in
sleeping bags in the galleries
among the Museum's treasures.

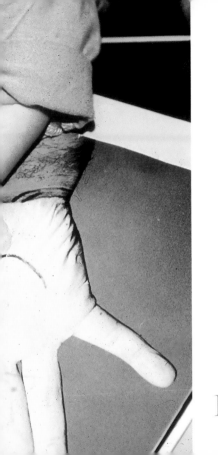

יָדַיִם

Hands

Triptychon

The Museum runs a program
for matriculating high-school
students from all over Jerusalem,
with a focus on contemporary art.

טְרִיפְּתִיכוֹן

תכנית לימודי האמנות לבגרות, הייחודית לתלמידי תיכון מכל רחבי העיר, משלבת לימוד עיוני עם עשייה אמנותית, ומתמקדת באמנות עכשווית.

1 2 3 4
5 6 7 8
9 0 *

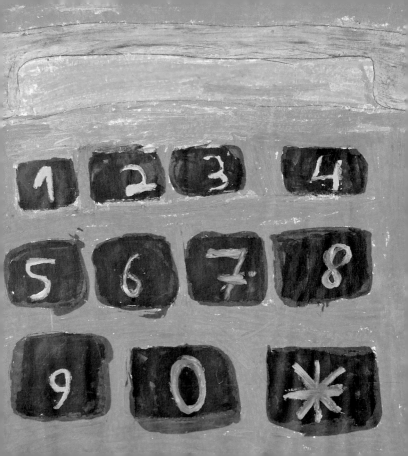

Telephones   טֶלֶפוֹנִים

General	02-6708835	כללי
Chief curator	02-6771355	אוצר ראשי (דוד)
Exhibitions	02-6708825	תערוכות (חגית)
Guided tours	02-6708805	הדרכות (טובה)
Art classes	02-6708961	חוגים (אלדד)
Further education	02-6708860	השתלמויות (ליהיא)
Friday in the Museum	02-6708823	שישי במוזיאון (דניאלה)
Special education	02-6771379	חינוך מיוחד (יעל)
Day camps & birthdays	02-6771302	קייטנות וימי הולדת (לנה)
Holiday & vacation activities	02-6771302	חגים וחופשות (לנה)
Recycling room	02-6708963	מיחזור (תלמה)
Library	02-6708952	ספרייה (אלה)

חִנּוּךְ מְיֻחָד

תכניות והדרכות ייחודיות לקבוצות עם
מוגבלויות שונות או צרכים מיוחדים,
המשלבות ביקור במוזיאון עם הפעלה
בגלריה וסדנאות יצירה.

Special education

Guided tours tailored to the
needs of the handicapped and
to people with special needs
combine a visit to the galleries
with specially structured creative
workshops.

חָצֵר פְּעִילָה

מציעה פעילויות בחוץ וסדנאות יצירה שמלוות את התערוכה השנתית של אגף הנוער. החצר פתוחה לקהל בחופשות האביב והקיץ.

Interactive yard

The yard is an outdoor studio for creative workshops connected to the Youth Wing's annual exhibition. The yard is open to the public during the spring and summer holidays.

Clay

חֹמֶר

Hanukkah

חֲנֻכָּה

חֲדַר מִחְזוּר

איך הופכים קרטון חלב למפלצת ירוקה? צריך רק דמיון וזוג ידיים, דבק ומספריים. כמו בחנות ממתקים גדולה, יש בחדר המיחזור סלסלות מלאות כל טוב: מקלות של ארטיקים, שאריות גומי, פקקים של בקבוקים, מדבקות מבריקות או כפתורים צבעוניים. אבא או אימא יכולים לעזור.

Recycling room

How do you turn an innocent milk container into a menacing green monster? With a little imagination, a pair of hands, and a whole lot of recycling bins full of promising what-have-you. Lend a hand, Mom? Dad?

חוּגִים

ציור, פיסול, צילום, דרמה, קדרות, מולטימדיה, תולדות האמנות, אמנות עכשווית ועוד. באגף הנוער חוגים לילדים, לנוער ולמבוגרים בהנחיית מורים מקצועיים ואמנים יוצרים.

Art classes

Painting, sculpture, photography, drama, ceramics, multimedia, art history, contemporary art and other subjects are taught in Youth Wing classes for children, teens, and adults, by professional artists and art teachers.

זַ׳ק לִיפְּשִׁיץ

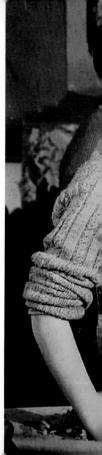

Jacques Lipchitz

זְמַן

זה לא כבר קיפצנו על המרצפות הגדולות בכניסה לאגף הנוער, בדרך לחוג של יום שלישי - רגליים קטנות, צעדים גדולים, משחקים ב׳אסור לדרוך על הקווים׳. והנה אנחנו עם עגלה ותינוק ישן, מקללים בשקט את ׳מי ששם כאן את המרצפות האלה׳ שגורמות לעגלה לכל כך הרבה קפיצות.

Time

It doesn't seem so long ago that we were skipping happily along the flagstone walk to the Youth Wing entrance, to our Tuesday afternoon classes – little feet, big steps, playing "Don't-step-on-the-lines." Now here we are, pushing a sleeping baby in a stroller that goes bumpety-bump over the jagged, ragged walk.

ן

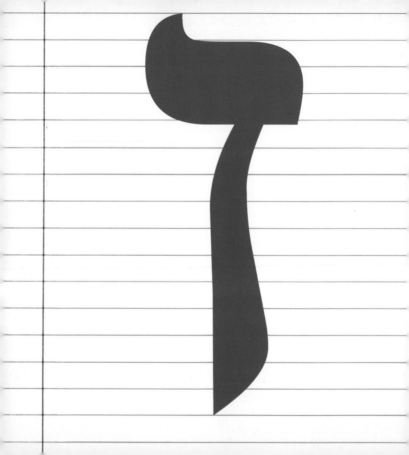

Van Gogh

וַן גּוֹךְ

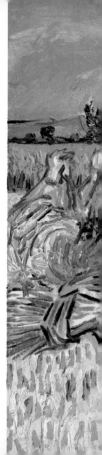

הִשְׁתַּלְמוּיוֹת

קורסים, השתלמויות וסדנאות מעשיות
בהוראה, באמנות ובמה שביניהם.

Further education

Courses and workshops are
held in the Resnick Teachers'
Training Center.

הַדְרָכוֹת

סיורים מודרכים בתצוגות המוזיאון
נערכים לקבוצות של בתי-ספר
יסודיים, בתי-ספר תיכוניים ומבוגרים.
ההדרכות המיוחדות הן מופעי גלריה
תאטרליים, הדרכות אינטראקטיוויות
וסדנאות יצירה מעשית.

Guided tours

Elementary- and high-school
classes and adult groups
enjoy guided tours through
the exhibition galleries, with
special theatrical performances,
interactive tours, and creative
workshops.

ה

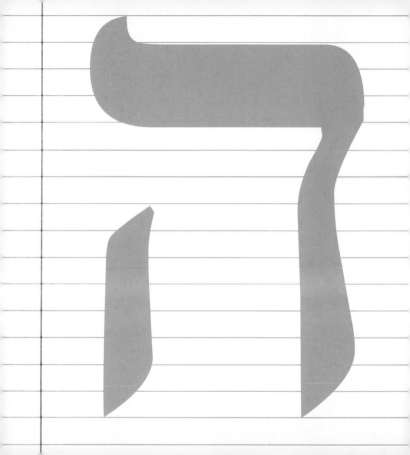

Group portrait

דְיוֹקַן קְבוּצָתִי

בית

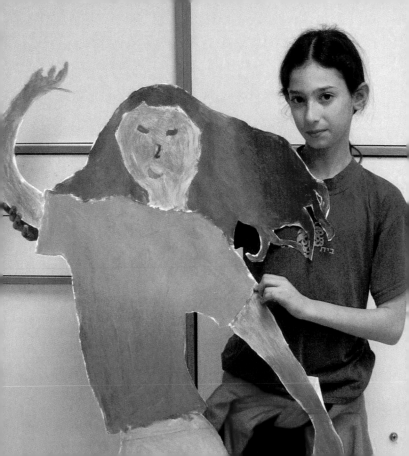

דְּיוֹקַן עַצְמִי

Self-portrait

ך

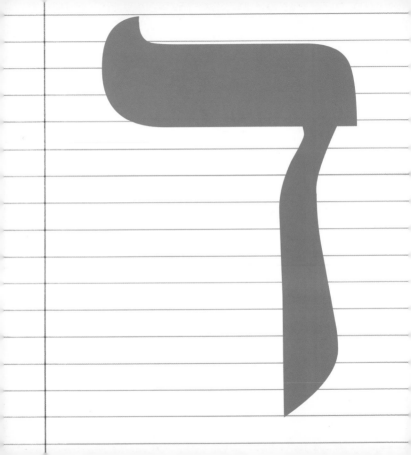

גַּן הַפְּסָלִים

לרוץ מפסל לפסל חסרי נשימה, החצץ נכנס לסנדלים, החצץ עושה רעש איום
ונורא. הנה פנלופה שמחכה לאודיסאוס כבר המון שנים, לגעת בברונזה הקרירה
ביום קיץ חם. לעמוד בדיוק באמצע הפסל של ריצ׳רד סרה ולהקשיב לשקט. לקפוץ
על רגל אחת עד התפוח של אולדנבורג, לדמיין את הענק שאכל את כולו ולהיבהל.
כשמתעייפים, אפשר ללכת בצעדים קטנים עד המבנה הגדול של טורל, להתיישב
בפנים, להצמיד את הגב לשיש הקר, המדגדג, להרים את הראש לתקרה שעשויה
משמים ולשלב ידיים.

Sculpture Garden

When you run breathlessly from one sculpture to another, the gravel
scrunches noisily underfoot and gets caught in your sandals. See
Penelope still waiting patiently for Odysseus. Touch the cool bronze
on a hot day. Stand plumb in the middle of Richard Serra's sculpture
and listen to the silence. Hop over to Claes Oldenburg's apple and
imagine the giant who would have eaten it. Take a breather in James
Turrell's tranquil space, sit back and rest against the cool marble, look
up and contemplate the blue sky you see through the opening in the
roof and hold hands.

גֶּבֶס

Plaster

גָּדוֹל-קָטָן

Big & small

גַּג

אגף הנוער נולד על הגג של מוזיאון
בצלאל הישן בשנת 1960. בהתחלה
היו רק כיתה אחת ואילה גורדון אחת
וחלום אחד, שהתגשם.

Roof

The Youth Wing was born on the
roof of the old Bezalel Museum
in Jerusalem in 1960. At first,
there was just one class, and one
Ayala Gordon to teach it, and
one dream, which came true.

ג

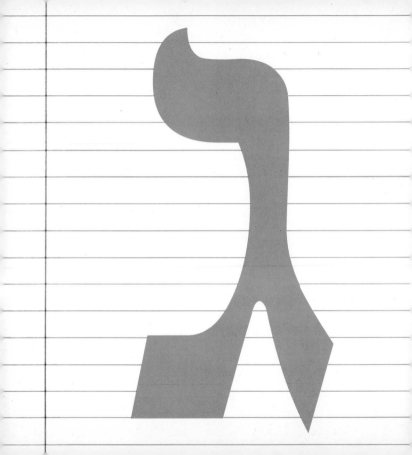

Dolls

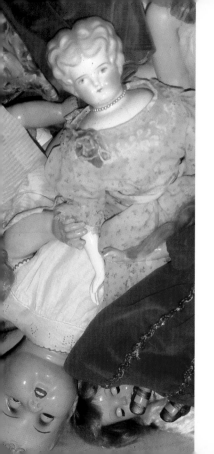

בֻּבּוֹת

בַּר/בַּת־מִצְוָה

אפשר לחגוג בר־מצווה במוזיאון
עם קבוצה של חברים טובים או עם
הכיתה, לפענח כתבי חידה עתיקים
ולבצע משימות בילוש מפתיעות בין
חפצי היודאיקה למגילות הגנוזות.

Bar/Bat Mitzvah

Celebrate your Bar/Bat Mitzvah
at the Israel Museum with
friends and family. An exciting
treasure hunt and heavy
detective work among the
Judaica and Dead Sea Scrolls
collections will reveal lots of
surprises.

בָּתֵּי־סֵפֶר

סיורים מודרכים לבתי־ספר יסודיים ותיכוניים, נערכים בתערוכות המוצגות במוזיאון. אפשר לשלב בהדרכות גם סדנאות יצירה מעשיות.

Schools

Guided tours take elementary- and high-school students through the Museum's exhibitions, often culminating in creative workshops.

ב

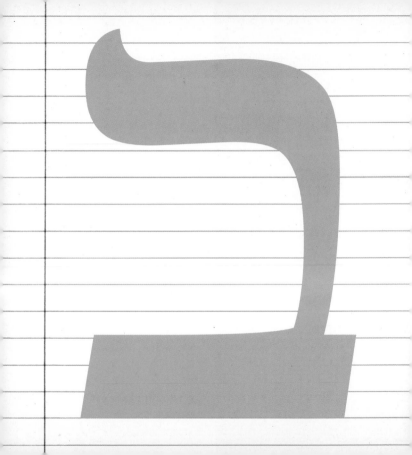

אֵיךְ מַגִּיעִים ?

אפשר להגיע במכונית למגרש החניה
הגדול שבכניסה למוזיאון, ואפשר
באוטובוס.
קווי אוטובוס : 9, 17, 24, 24א

How to
get there?

Buses no. 9, 17, 24, 24A
Cars park in the large parking lot
at the entrance to the Museum.

לאגף
הנוער

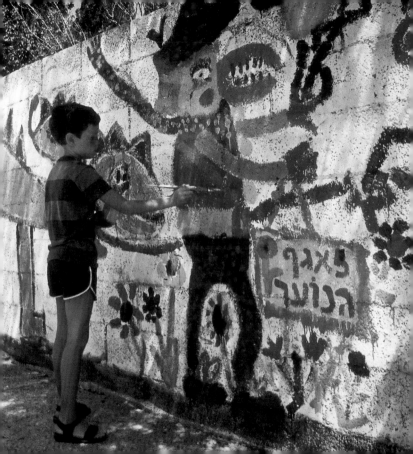

Gorilla

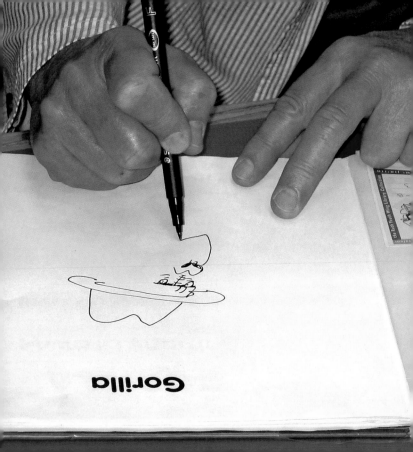

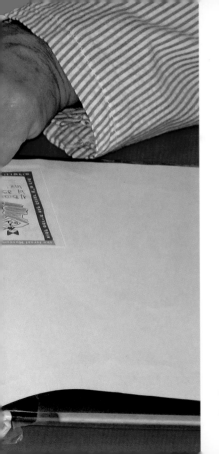

אִיּוּר

Illustration

אֹסֶף

ממתינים בשקט במחסני אגף הנוער
ומגלים : אוסף גדול של בובות
וצעצועים מתרבויות שונות ומתקופות
שונות, אוסף נדיר של ספרי ילדים
מאוירים ואוסף עבודות נבחרות שיצרו
ילדים בחוגי אגף הנוער במשך השנים.

Collection

If you wait quietly at the
entrance to the Young Wing
store room you can discover a
vast collection of dolls and toys,
old and new, from around the
world, as well as rare illustrated
children's books, and of course a
selection of works children have
created in Youth Wing classes
over the years.

MAGNET
10
NEW YORK
GIANTS

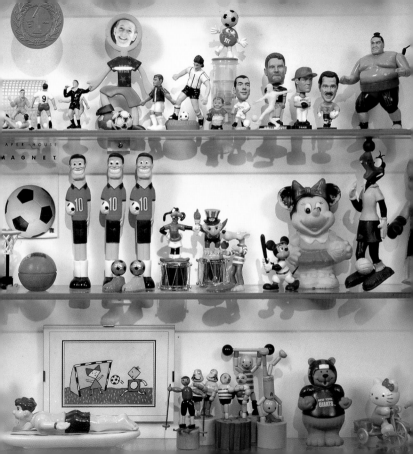

Food

אֹכֶל

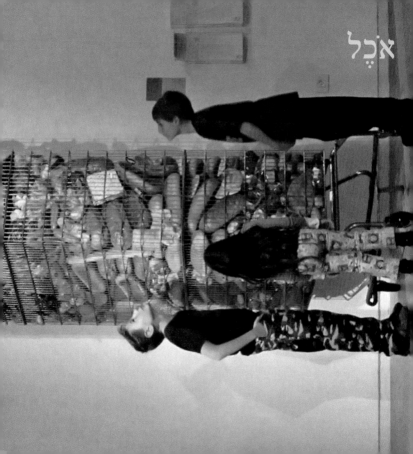

אִישׁ עִם מִקְטֶרֶת

הוא תמיד שקט ואדיב, נינוח ומסביר פנים. אם יורד עליו
גשם, הוא לא נרטב; אם מושכים לו באף או מלטפים לו את
הקרחת, הוא לא מתרגש; אם שואלים אותו: 'סליחה, מה
השעה?', הוא לא משיב.

Man with a pipe

He's a perfect gentleman, relaxed and amiable.
Rain just slides off his back, and if you tweak
his nose or pat his shiny bald head he does not
mind. But if you say, "Pardon me, what time is it,
please?" he never, never answers.

Red

spin
Exercise Mat
אָדֹם

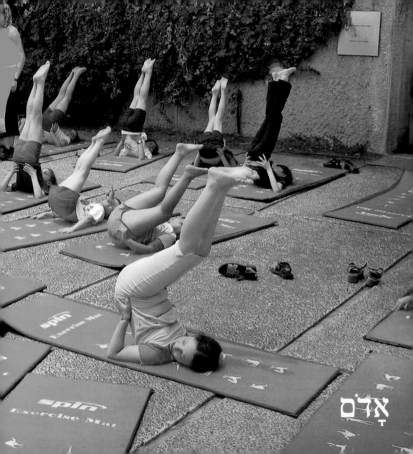

אָמָּנִים צְעִירִים

הילדים שבאים לחוגים באגף הנוער
מתבוננים באמנות, מעתיקים אמנות,
מדברים על אמנות. האם הם אמנים
צעירים ?

Young artists

Children who attend Youth Wing classes look at works of art, copy them, and talk about them and about art. Does that make them young artists?

אָמָנוּת

מה זאת אמנות? מי שיודע, שירים יד. אמנות מעוררת מחשבה, מעוררת רגש, היא מסקרנת, היא מטרידה, היא מבלבלת. אולי מי שחושב שהוא אינו יודע מה זאת אמנות, יודע מה זאת אמנות?

Art

What is art? If you know, raise your hand. Looking at art can make you think and feel. It can tickle your curiosity, confuse or disturb you. Maybe a person who thinks he doesn't know what art is actually does know what art is? Can it be that someone knows what art is but thinks he doesn't?

PALL MALL
FAMOUS
Budweiser
LAGER BEER

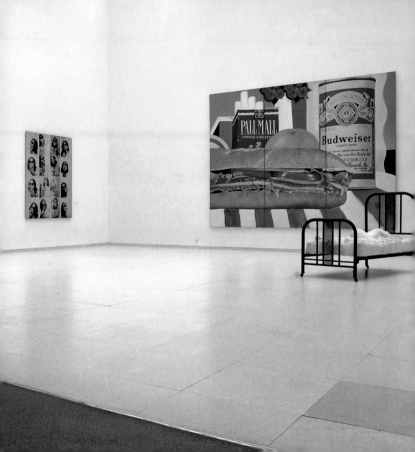

אַהֲבָה

'אהבה' היא הפסל הגדול שמשקיף
אל הנוף מפסגת גן הפסלים, שילדים
וגם מבוגרים אוהבים להתקפל בתוכו
ולחלום.

Love

"Love" is the big sculpture
overlooking the view from the
top of the Sculpture Garden,
where visitors, young and old,
like to climb aboard and dream.

אַבָּא, אִמָּא וַאֲנִי

לבוא לאגף הנוער עם אבא ואימא: לשחק בחול בכניסה,
לטפס על הפסלים ולקפוץ בשאגה, לקרוא סיפור בספרייה,
לבנות רובוט במיחזור, להדביק, לצבוע, להתלכלך, לשטוף
ידיים בשירותים, לעלות במעלית לתערוכה, להתבונן,
להתחפש, לדמיין, לשחק במחשב. לא רוצה הביתה.

Mom, Dad, and Me

To come to the Youth Wing with your parents,
to build a castle in the sand, climb on a monster
sculpture and jump down with a roar, or pore
quietly over a book in the library, build robots
in the recycling room, cut, paste, paint, fold, and
– presto! Then it's upstairs into the exhibition, to
look, touch, feel, imagine, play, dress up and learn.
I don't want to go home.

אֲגַף הַנֹּעַר

איך אפשר להגדיר את אגף הנוער:
מוסד אמנותי חינוכי? חממה יצירתית?
מעבדה להוראת אמנות? בית גידול
לאנשי תרבות? שער למוזיאון? ואולי
פשוט: מקום שילדים, נוער ומבוגרים
אוהבים להיות בו.

Youth Wing

How can we describe the Ruth Youth Wing? Is it a greenhouse for creativity? A laboratory for teaching art? A gateway to the museum? Or maybe just a place where children, teens, and adults simply love to be.

א

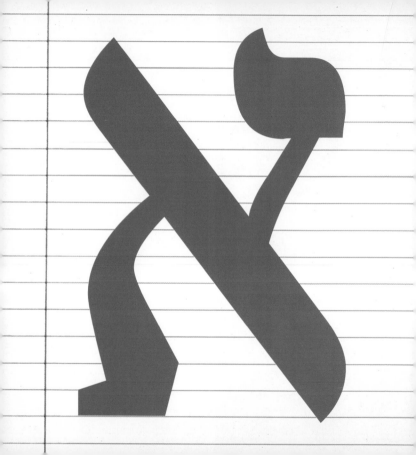

על הספר

"אגף הנוער מאלף עד תו" הוא ספר טעימות. ספר, שמאפשר להתרשם מאופיו ורוחו של אגף הנוער במוזיאון ישראל ושמצייר את דיוקנו באמצעות מבחר מגוון של סיפורים קטנים, מושגים, תצלומים, צבעים ואנשים.

ניתן למצוא בספר מכול וכול: רעיונות ומחשבות, תכנים וחזון, תהיות וניסיונות, וגם תערוכות ופעילויות שנערכו באגף הנוער במשך השנים. יש בו עבר והווה, מבוגרים וצעירים, אהבת אמנות והרבה מוזיאון.

אפשר לדפדף בספר במהירות או להתעכב לרגע ליד ציור ילדים מצחיק, אפשר לקרוא ואפשר להתבונן בתמונות, אפשר להתחיל באות מם ולקפוץ משם לגימל, ואפשר גם לארוז את המשפחה ולבוא לבקר כדי לחוות ממש את המקום המופלא הזה.

נורית שילה-כהן
אוצרת בכירה בינתחומית לחינוך מוזיאלי

הוריהם פעם אחר פעם לביקור במוזיאון. במסגרת זאת מגיעים אלינו מדי שנה כמאתיים וחמישים אלף מבקרים, כדי ליהנות מתערוכות אגף הנוער, מן הפעילויות המוצעות בו ומן האירועים הנערכים בו מדי שנה.

בהגשמת החלום הנפלא הזה נקבצו יחד ידידי המוזיאון בארץ ובעולם. רבים מהם חלקו את ההתלהבות הראשונית שבהפיכת החלום למציאות והם מסייעים עד עצם היום הזה במימוש תכניות האגף ופעילויותיו. הספרון שאתם מחזיקים בידיכם מבקש לשתף גם אתכם הקוראים במקצת מן החוויות המיוחדות שאנו מציעים באגף הנוער ובאווירה התוססת שבו, ואנו מקווים שתיהנו ממנו.

ג'יימס סניידר
מנכ"ל ע"ש אן וג'רום פישר

הקדמה

מוזיאון ישראל – המוזיאון הגדול ביותר בארץ ואחד מן המוזיאונים האנציקלופדיים המקיפים בעולם – הוא מוסד בינתחומי שמחזיק באוספיו חפצים מתרבויותיהם של עמים רבים, וממצאים מאזורנו מן התקופה הפרהיסטורית ומתקופת המקרא ועד עבודות אמנות בינלאומיות עכשוויות. במוזיאון ארבעה אגפים: האגף לארכאולוגיה, האגף לאמנויות, האגף לאמנות יהודית ולאתנוגרפיה ואגף החינוך. ספרון זה מציג לפניכם את האגף לחינוך שלנו, אגף הנוער ע״ש רות, באמצעות תמונות שממחישות את התערוכות, התכניות וההתנסויות החינוכיות שהתחוללו במקום פעיל זה במהלך השנים.

למן ימיו הראשונים היה אגף הנוער איבר מאיבריו של מוזיאון ישראל. אבי המוזיאון, טדי קולק, הכיר בחשיבות החינוך ובהבטחה הטמונה בדורות הבאים וראה בו חלק מהותי של חזון המוזיאון.

היום, אחרי יותר מארבעים שנה, ממשיך אגף הנוער לשמש דוגמה ומופת בארץ ובעולם לחינוך המוזיאלי במיטבו. בתכניותיו המקוריות של האגף משולבים תאוריה ומעשה, התבוננות ויצירה, והן נותנות בידי מבקרים בני כל הגילים כלים להעמקת החוויה במוזיאון ולהבנת החפצים ויצירות האמנות המוצגים בתערוכות. המפגש הראשון של מבקרינו הצעירים עם אמנות וארכאולוגיה נעשה לעתים קרובות במסגרת הפעילויות של אגף הנוער. מבקרים אלה מביאים לאחר מכן את